folio cadet ▪ premiè

Le Petit Nicolas
d'après l'œuvre de René Goscinny
et Jean-Jacques Sempé

Une série animée adaptée pour la télévision par Matthieu Delaporte, Alexandre de la Patellière et Cédric Pilot / Création graphique de Pascal Valdès / Réalisée par Arnaud Bouron D'après l'épisode « On a fait un journal », écrit par Thomas Barichella et Mathias Fourrier.
Le Petit Nicolas, les personnages, les aventures et les éléments caractéristiques de l'univers du Petit Nicolas sont une création de René Goscinny et Jean-Jacques Sempé.
Droits de dépôt et d'exploitation de marques liées à l'univers du Petit Nicolas réservés à **IMAV EDITIONS**. Le Petit Nicolas® est une marque verbale et figurative enregistrée.

Adaptation : Emmanuelle Lepetit
Maquette : Clément Chassagnard
Le papier de cet ouvrage est composé de fibres naturelles, renouvelables, recyclables et fabriquées à partir de bois provenant de forêts plantées et cultivées expressément pour la fabrication de la pâte à papier.
Loi n° 49-956 du 16 juillet 1949 sur les publications destinées à la jeunesse
ISBN : 978-2-07-064626-5
N° d'édition : 240185
Dépôt légal : avril 2012
Imprimé en France par I.M.E.
PEFC/10-31-1093

Le Petit Nicolas

Le scoop

GALLIMARD JEUNESSE

Le Petit Nicolas et ses copains

Maman Papa

Nicolas Alceste Clotaire Eudes

La maîtresse Le Bouillon

Louisette Marie-Edwige Geoffroy Agnan

– Regardez, les copains : mon père m'a fait un chouette cadeau ! annonce Nicolas en débarquant dans le terrain vague.

Il ouvre un coffret où sont rangés de petits tampons en forme de lettres.

Clotaire fait la grimace.

– Ça sert à quoi, ce machin ? À jouer à la dictée ?

– Mais non, andouille, réplique Nicolas. Avec ça, on va faire un journal.

– Dans ce cas, je serai le photographe officiel, dit Geoffroy. Grâce au nouvel appareil de mon père, on pourra mettre une belle photo en couverture.

– Une photo de moi par exemple ! propose Eudes.

Geoffroy rétorque :

– Personne n'achètera notre journal s'il y a ta tête de veau en première page !

– Ah ouais ? Et tu sais ce qu'elle te dit, ma tête de veau ? se fâche Eudes, en levant le poing.

– Vous n'y connaissez vraiment rien, les gars ! intervient alors Louisette. La photo de couverture, il faut la garder pour le scoop, l'article principal du journal. Il doit parler d'une information que nous serons les seuls à découvrir avant tout le monde.

– Tu as l'air de t'y connaître, dit Nicolas. Tu peux m'aider à le chercher, ce scoop ?

– D'accord, répond-elle. Mais... comment faire ?

– On n'a qu'à demander à mon père. Il lit le journal tous les jours, alors des scoops, il doit en connaître des tas !

2

Suivi de Louisette, Nicolas fonce jusqu'à sa maison.

– Papa ! Papa !

– Ton père est allé jouer aux dames chez M. Blédurt, répond sa mère.

Nicolas va sonner chez le voisin.

– Bonjour, M. Blédurt. Je cherche mon père. Maman m'a dit qu'il était chez vous en train de jouer aux dames...

– Ça m'étonnerait ! Comme je le bats tout le temps, il n'ose plus venir ! ricane le voisin, avant de refermer son portail.

– Le voilà, ton père ! souffle alors Louisette.

Le papa de Nicolas rentre dans la maison, un drôle de paquet à la main.

– Hé, Papa, tu pourrais nous aider à trouver un scoop pour notre journal ? lui demande Nicolas.

Son père se retourne en sursautant.

– Chut ! Moins fort, Nicolas, sinon ta mère va...

Au même moment, la maman de Nicolas apparaît à la porte de la cuisine.

– Tu es revenu, mon chéri ?

– Euh... oui, bafouille le père de Nicolas en cachant le drôle de paquet derrière son dos. Ce pauvre Blédurt a encore pris une sacrée raclée !

La mère de Nicolas retourne dans la cuisine en riant, tandis que Nicolas fronce les sourcils.

– Tu mens ! M. Blédurt m'a dit que tu n'étais pas avec lui.

– Chut ! fait à nouveau son papa. Écoute, Nicolas, je t'expliquerai plus tard…

Puis, ZOU ! il file dans son bureau.

– Il est bizarre ton père, aujourd'hui, remarque Louisette. On devrait mener l'enquête sur lui…

Postés derrière la porte de la chambre de Nicolas, les deux enfants surveillent le couloir. Au bout de quelques minutes, le père de Nicolas sort de son bureau et redescend les escaliers.

– La voie est libre ! lance Nicolas.

Les enfants pénètrent dans le bureau. Sur une chaise trône le mystérieux paquet.

Nicolas le déballe. Un costume noir, très élégant, apparaît sous le papier.

– C'est un smoking, constate-t-il.

Il est déçu : il s'attendait à un secret plus important.

– Attends... dit Louisette. Tu sais qui s'habille toujours en smoking ?

– Les serveurs de restaurant ?

– Mais non ! Les agents secrets ! On le tient, notre scoop !

Nicolas n'en revient pas. Son père est donc agent secret ! Il l'imagine, en smoking, pistolet au poing… Son papa est un héros !

Soudain, Nicolas tend l'oreille. Des pas résonnent dans l'escalier.

– Vite, cachons-nous !

Les enfants s'accroupissent derrière le bureau et voient la porte s'ouvrir. Les jambes du papa de Nicolas se rapprochent du bureau…

Le téléphone, posé sur le bureau, retentit. DRING !

– Allô ! chuchote le papa de Nicolas. Oui, c'est bien moi… Compris. Je serai chez vous dans dix minutes.

Puis il raccroche le combiné, saisit son smoking et se précipite hors de la pièce.

Sous la table, Nicolas et Louisette se regardent avec des yeux ronds.

– On a dû l'appeler pour une nouvelle mission, souffle Nicolas.

– Suivons-le ! décide Louisette.

4

Quelques instants plus tard, les deux petits reporters observent le papa de Nicolas toquer à la porte d'une maison du quartier. Un monsieur moustachu vient lui ouvrir.

Les enfants se faufilent jusque sous la fenêtre d'où s'échappe une musique entraînante.

– C’est quoi, cette musique ? interroge Louisette.

– Une technique d’agent secret : c’est pour nous empêcher d’écouter leur conversation, répond Nicolas.

– Je vais chercher Geoffroy ! Il pourra prendre des photos.

Cinq minutes après, Louisette est de retour avec Geoffroy. Hissé sur les épaules de Nicolas, il prend plusieurs clichés. CLIC, CLAC !

Louisette se jette sur les photos et s'écrie :

– On dirait qu'ils se battent !

– Le moustachu doit être un espion, souffle Nicolas. Mais mon papa se défend bien : regardez, il lui a écrasé le pied.

À force de gigoter, Nicolas fait perdre l'équilibre à Geoffroy, qui dégringole par terre. Au passage, il renverse le pot de fleurs suspendu à la fenêtre : BOUM !

Louisette et Geoffroy partent aussitôt en courant, mais Nicolas s'attarde pour ramasser les photos éparpillées par terre.

– Nicolas ?

Trop tard pour fuir ! Son père a passé la tête par la fenêtre et l'observe d'un air inquiet.

– Tu as tout vu ?

– Oui, Papa, et je trouve ça génial ! dit Nicolas en cachant les photos derrière son dos.

– Ah bon ?

– Même que ça va faire le scoop de mon journal !

– Euh, non, Nicolas, bafouille son père. Ce serait très gênant pour moi si tout le monde était au courant...

« Zut alors ! se dit Nicolas. Papa a raison. Si je révèle son secret, il va avoir des ennuis. »

– T'inquiète, Papa. Je ne dirai rien à personne.

Nicolas retrouve ses amis dans le cabanon du terrain vague.

– Alors ? demande Louisette. Tu as récupéré les photos ?

– Non, je n'ai pas eu le temps, ment Nicolas.

– Tant pis, dit Louisette. On publiera le scoop sans elles.

– Pas question. Sans photo, personne ne nous croira ! s'exclame Nicolas, avant de repartir chez lui, soulagé, son coffret d'imprimerie sous le bras.

Ce soir-là, il s'endort dans son lit sur ses deux oreilles. Enfin, presque... Une drôle de musique vient bientôt le réveiller. La musique du moustachu !

« Papa est encore en mission ? »

À pas de loup, Nicolas s'approche du salon, d'où vient la musique. Au milieu de la pièce, son papa, habillé en smoking, est en train de se battre… avec sa maman !

– Dites donc, vous auriez pu me dire que Maman aussi était agent secret ! se fâche Nicolas en déboulant dans la pièce.

– Agent quoi ? souffle le papa de Nicolas.

– Bah, vous n'êtes pas en mission, là ? insiste le garçon.

– Mais mon chéri, tu vois bien que nous sommes en train de danser ! lâche alors sa maman. Ton père m'a préparé une surprise pour notre anniversaire de mariage.

Nicolas aperçoit alors, posée sur la table, une bouteille de champagne.

– Euh… Mais… C'est qui alors le moustachu ?

– Eh bien, mon professeur de rumba, M. Alberto ! répond son père.

Le lendemain, Nicolas a finalement imprimé son journal, avec une photo de Geoffroy en couverture.

– Édition spéciale ! Mon père apprend à danser la rumba avec Alberto ! s'époumone-t-il sur le trottoir.

Louisette et Geoffroy ne tardent pas à le rejoindre.

– Tu as retrouvé mes photos ! se réjouit Geoffroy.

– Tu parles d'un scoop ! se moque Louisette. Ça ne va intéresser personne, ton histoire de rumba.

Mais le voisin, M. Blédurt, se précipite pour acheter le journal.

– Regarde, chérie ! rigole-t-il en interpellant sa femme. Notre voisin prend des cours de danse avec un beau moustachu !

Au lieu de se moquer, Mme Blédurt envoie un grand coup de journal sur la tête de son mari.

– Tu ferais mieux de prendre exemple sur lui. Voilà un homme qui sait gâter sa femme !

Le papa de Nicolas n'a rien raté de la scène, et c'est à son tour de se moquer de M. Blédurt.

– Bravo Nicolas, je te félicite pour ton article. C'est du grand journalisme !

Nicolas est très fier de lui. Il a fait plaisir à son papa et montré à Louisette de quoi il était capable. Mais surtout, il a trouvé sa vocation : quand il sera grand, il sera reporter... ou bien espion car, à bien y réfléchir, c'est un peu la même chose !

→ je lis tout seul

Pour les jeunes apprentis lecteurs
Niveau 2

n° 1 *La photo de classe*

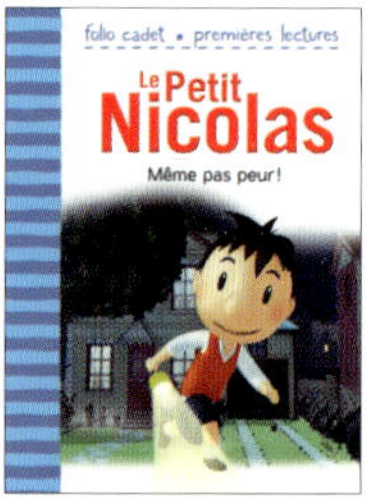

n° 2 *Même pas peur !*

n° 3 *Les filles, c'est drôlement compliqué !*

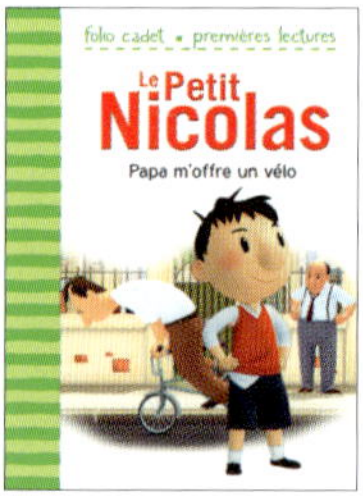

n° 4 *Papa m'offre un vélo*

n° 6 *Prêt pour la bagarre*

À découvrir aussi en DVD

Retrouve le Petit Nicolas sur le site www.petitnicolas.com